山东电力交易中心有限公司
社会责任报告
2016—2022

山东电力交易中心有限公司◎著

经济管理出版社

ECONOMY & MANAGEMENT PUBLISHING HOUSE

图书在版编目（CIP）数据

向好而行：山东电力交易中心有限公司社会责任报告：2016—2022 / 山东电力交易中心有限公司著 . —北京：经济管理出版社，2023.5

ISBN 978-7-5096-9032-1

Ⅰ．①向… Ⅱ．①山… Ⅲ．①电力工业—工业企业—社会责任—研究报告—山东—2016—2022 Ⅳ．① I267

中国国家版本馆 CIP 数据核字 (2023) 第 094979 号

组稿编辑： 申桂萍

责任编辑： 乔倩颖

责任印刷： 黄章平

责任校对： 张晓燕

出版发行： 经济管理出版社

（北京市海淀区北蜂窝 8 号中雅大厦 A 座 11 层　　100038）

网　　址： www.E-mp.com.cn

电　　话： (010) 51915602

印　　刷： 唐山玺诚印务有限公司

经　　销： 新华书店

开　　本： 880mm×1230mm/16

印　　张： 4

字　　数： 123 千字

版　　次： 2023 年 6 月第 1 版　2023 年 6 月第 1 次印刷

书　　号： ISBN 978-7-5096-9032-1

定　　价： 58.00 元

前言

从 2016 年成立至今，山东电力交易中心有限公司全面贯彻落实中共中央、国务院《关于进一步深化电力体制改革的若干意见》，走过了一段初创探索、试点先行的发展历程。我们坚持以习近平新时代中国特色社会主义思想为指导，落实关于深化电力体制改革的各项工作要求，立足新发展阶段，贯彻新发展理念，融入和服务新发展格局，努力建设"最好的省级电力交易中心"，助力能源高质量发展，服务构建新型能源体系，在落实国家战略中践行使命担当。

七年来，我们完成了交易机构组建工作，为山东省电力市场化交易搭建了公平规范的交易平台；我们建立了售电侧市场竞争机制，市场活力显著提升；我们健全了市场交易规则体系，电力市场化交易规模日益扩大；我们作为电力现货市场建设试点，遵循"边运行、边完善、边提高"原则，推进电力现货市场建设，实现长周期连续稳定运行……在落实国家重大战略、推进电力市场化改革的新征程上我们勇毅前行。

感谢您打开山东电力交易中心有限公司自成立以来的首份企业社会责任报告——《向好而行——山东电力交易中心有限公司社会责任报告（2016—2022）》（以下简称"本报告"）。从本报告中，您可以了解到山东电力交易中心有限公司在推动山东省电力市场发展、服务山东强省建设方面取得的积极成效，以及"打造电力交易新高地、彰显新时代电力交易担当"的发展愿景。

致辞

2015年3月，中共中央、国务院印发《关于进一步深化电力体制改革的若干意见》，标志着新一轮电力体制改革正式启动。国家发展改革委、国家能源局先后出台新政，加快推动"统一开放、竞争有序、安全高效、治理完善"的电力市场体系建设，山东省成立市场建设专班，电力市场改革发展按下"加速键"。

2016年4月，山东电力交易中心有限公司正式揭牌成立，形成了以电网、发电、售电等9家市场主体为股东，独立运作、公平规范的市场运营机构。山东电力交易中心有限公司始终坚持"五个思维"，锚定"六好四高"目标，推动"六位一体"高质量发展，初步建成了架构合理、品种齐全、竞争有序、平台先进、服务优质、运行高效的省级电力市场。年度电力直接交易规模由成立之初的632亿千瓦时跃升至2022年的3714亿千瓦时，为山东省经济社会发展作出了积极贡献。

时光荏苒，唯有奋斗方能铸就永恒；前路光明，唯有实干方能抵达彼岸。我们矢志奋斗、笃行实干，向上级党委和主管部门交上了精彩的答卷；我们广交朋友、合舟共济，与广大市场主体结成了干事创业的"朋友圈"；我们锤炼队伍、文化润泽，培养、锻造了冲得上、打得赢的交易铁军队伍。

一是提升"政治三力"，全面践行"12字"精神特质

深入学习贯彻党的二十大精神，聚焦新型能源体系建设，开展10项课题研究。建设"党建+电力交易"生态圈，完成24项共建任务，"市场共同体"理念得到广泛认同。谋划"最好的省级电力交易中心"建设，用"七策"回答"七问"，聚焦"六好"管理维度、"四高"评价维度，细化22项中长期任务和10项指标，引领工作高标准推进。策划"登高筑峰"行动，储备50个科技创新项目，获中国能源研究会能源创新一等奖。一部门获评"山东省工人先锋号"，"讲政治、精业务、敢斗争、勇争先"精神特质成为全员价值追求。

二是胸怀"国之大者"，为保供应、促转型作出贡献

2022年完成"外电入鲁"电量1315亿千瓦时，同比增长10.7%，超额

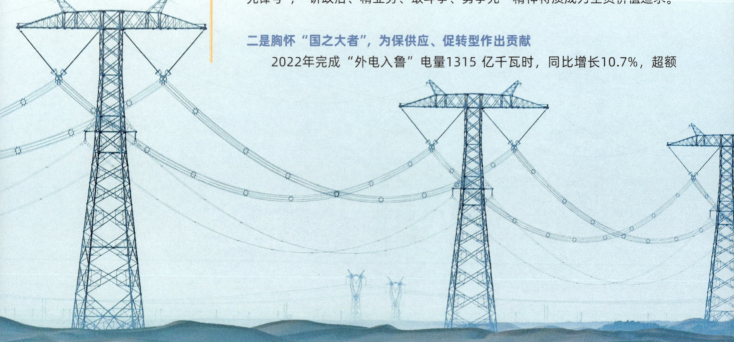

完成年度目标。坚决落实"缺口小点、影响小点"要求，成立交易保供"共产党员突击队"，夏季最大用电负荷为 2938 万千瓦，全力支撑山东电网迈入"亿千瓦"时代；2022年11月、12月均超过2000万千瓦，超额完成省委、省政府1800万千瓦的目标任务。疫情期间党员干部挺身而出主动迎战，三批次62人次闭环管控累计80余天保障市场运行。发挥"链长"作用，坚持"政府主导、政企协同、企业实施"，协助制（修）订交易规则、方案12项，开展问需问计"大走访"活动，29项意见建议得到高质量落实并反馈。

三是深化"党建赋能"，省级市场"山东样板"走在前列

以促进中心工作、党员群众满意为标尺，深化"两图一清单"应用，策划"菁雁振翅""双师带徒"，开展17项微课题研究，创新"全维度"数据分析，累计完成28份"月度分析+专题报告"，运营监控和市场管控能力进一步增强，有效防范化解各类风险。平台运行安全性、可靠性国内领先，实现现货市场连续稳定运行一周年，省级市场"山东样板"赢得好评，积极探索、先行先试，市场建设"十二个率先"走在前列，先后受到政府主管部门致信感谢并表扬。国家发展改革委相关负责人评价："山东在推动顶峰发电、拉大价差等问题上创造了很多很好的经验。"国家能源局相关负责人来山东调研电力市场建设工作时评价："山东电力市场建设走在全国前列。"在国务院发展研究中心电力体制改革实施情况评估中，山东省电力市场建设成效位居全国前列。

新时代是奋斗者的黄金时代，新征程是实干家的星辰大海。山东电力交易中心有限公司将全面落实山东省委、省政府各项工作部署，锚定"六好四高"目标，打造"电力交易新高地"，为全面推进中国式现代化"山东实践"作出交易贡献，以"保供应、促转型、稳价格"为主线，在全国统一电力市场体系建设中扛红旗、干最好、争第一、走前列！

董事长　　　　总经理
党委书记　　　　　　　党委副书记

目 录 CONTENTS

关于我们

公司简介

山东电力交易中心有限公司成立于 2016 年 4 月 25 日，是落实中共中央、国务院《关于进一步深化电力体制改革的若干意见》（中发〔2015〕9 号）和改革配套文件要求，结合山东省电力体制改革实际情况，应运而生的市场运营机构，负责山东电力市场建设研究和管理，在政府批准的公司章程和市场规则监管下，为各类电力市场主体提供规范、公开、透明的电力交易服务。

股东单位

- 国家电网 STATE GRID 〉 国网山东省电力公司
- 中国华能 CHINA HUANENG 〉 华能山东发电有限公司
- 华电国际 HUADIAN POWER INTERNATIONAL 〉 华电国际电力股份有限公司
- 山东能源集团 SHANDONG ENERGY GROUP 〉 山东能源集团有限公司
- 国家能源集团 CHN ENERGY 〉 国家能源集团山东电力有限公司
- 中国大唐集团公司 China Datang Corporation 〉 大唐山东发电有限公司
- 华润电力 CR POWER 〉 华润电力（山东）销售有限公司
- 国家电投 SPIC 〉 国家电投集团山东能源发展有限公司
- 中国石化 SINOPEC 〉 中国石化集团胜利石油管理局有限公司

组织架构

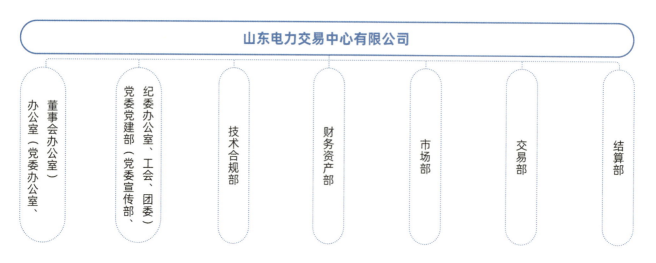

山东电力交易中心有限公司

- 办公室（党委办公室、董事会办公室）
- 党委党建部（党委宣传部、纪委办公室、工会、团委）
- 技术合规部
- 财务资产部
- 市场部
- 交易部
- 结算部

发展历程

2022 年，山东电力现货市场成功实现连续稳定运行，市场建设成熟度、健康度、完备度、活跃性位居国内同业先进行列

2021 年，参与国家首批绿色电力交易试点项目，全体工商业用户进入市场，山东电力现货市场正式启动长周期不间断结算试运行

2020 年，山东省被确定为全国唯一的电力市场建设综合改革试点省份

2019 年，首次开展现货市场结算试运行

2018 年，山东省电力现货市场建设试点工作启动

2016 年，山东电力交易中心有限公司注册成立

2017 年，出台首个《山东省电力中长期交易规则（试行）》，售电公司首次进入市场开展交易

关键绩效

632 亿千瓦时

2016 年

增长 488%

市场交易电量

3714 亿千瓦时

2022 年

省内受电交易电量

（亿千瓦时）

2400
2016 年

2638
2018 年

2381
2020 年

3209
2022 年

省间送电交易电量

（亿千瓦时）

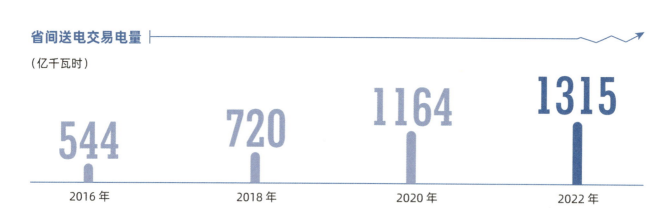

544
2016 年

720
2018 年

1164
2020 年

1315
2022 年

新能源发电交易电量

 2021 年

268 亿千瓦时

 2022 年

515 亿千瓦时

 同比增长

92.16%

市场注册情况

截至 2022 年 12 月 31 日

市场主体
29845 家

用电单元
225315 个

市场主体

电力用户
28196 家

售电公司
863 家

发电企业
779 家

独立储能设施
6 家

电网企业
1 家

电力用户

批发用户
7 家

零售用户
23726 家

注册未交易用户
4463 家

01

履责战略

全面践行"12 字"精神特质

山东电力交易中心有限公司（以下简称山东电力交易中心）全面学习、深刻领会习近平总书记关于新型能源体系建设等方面的重要论述，贯彻党的二十大在电力能源领域作出的战略部署，全面践行"12 字"精神特质，"为一域争光、为全局添彩"。

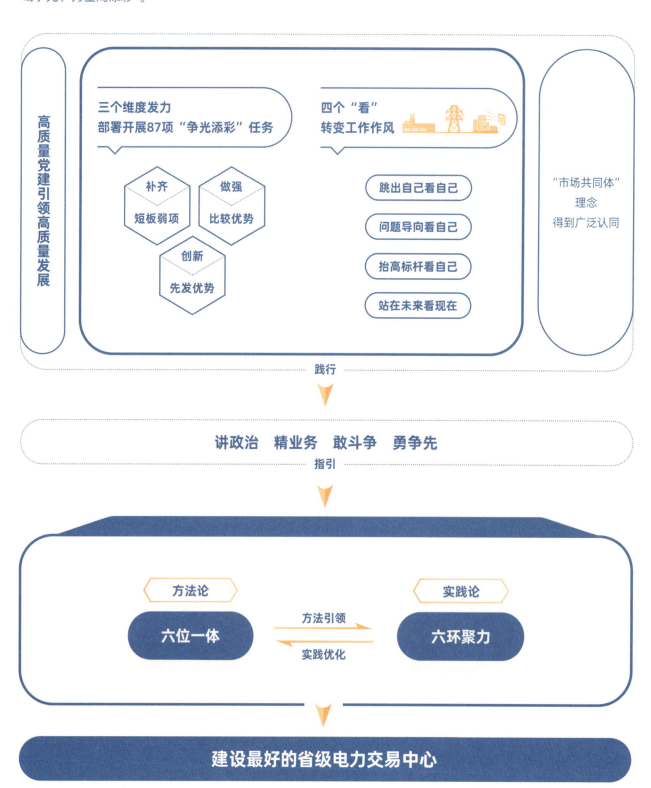

高质量党建引领高质量发展

三个维度发力
部署开展87项"争光添彩"任务

补齐　短板弱项
做强　比较优势
创新　先发优势

四个"看"
转变工作作风

跳出自己看自己
问题导向看自己
抬高标杆看自己
站在未来看现在

"市场共同体"
理念
得到广泛认同

践行

讲政治　精业务　敢斗争　勇争先

指引

方法论　　　　实践论

六位一体　　方法引领　　六环聚力
　　　　　　实践优化

建设最好的省级电力交易中心

锚定"六好四高"发展目标

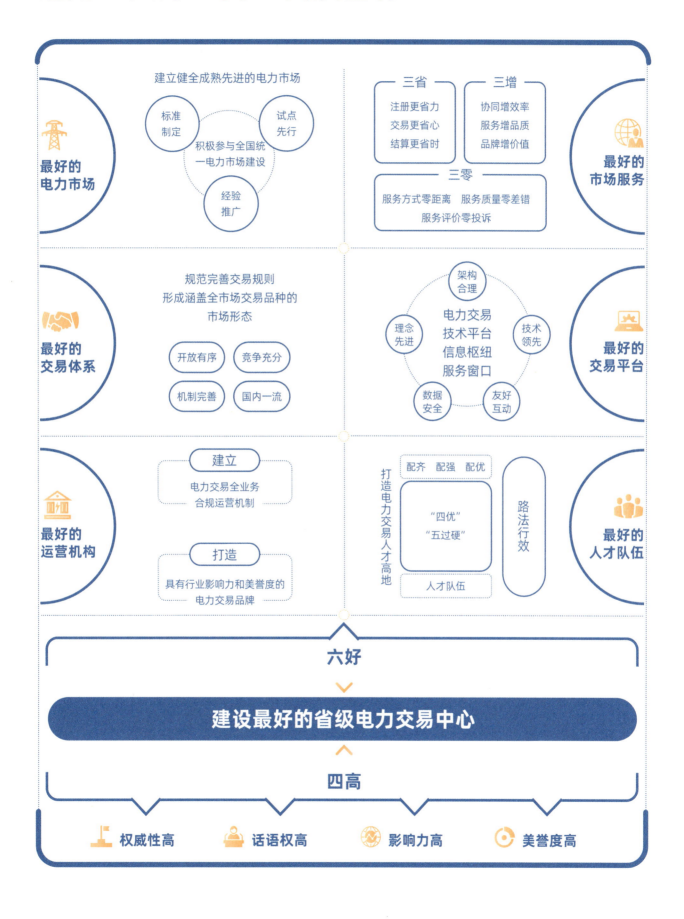

坚持"六位一体"工作方法

党建统领

- 捍卫"两个确立"
- 增强"四个意识"

高举旗帜
强根铸魂

- 坚定"四个自信"
- 做到"两个维护"

"六位一体"工作方法

坚持党建统领，聚焦"六好四高"定位。运用"有解"思维，把准党建统领、创新驱动、人才支撑、作风保障、纪律护航、文化润泽六个方面，从方法路径、实施策略上，构建立体施策、久久为功的工作格局，解决"过河"的问题，形成"方法论"，培育具有交易中心特色的企业管理文化体系。

"六环聚力"工作体系

强化发展目标对实施路径的战略引领，自内而外地细分"核心环、驱动环、保障环、协同环、应用环、生态环"六个维度，嵌入公司管理运作各个环节，与"六位一体"工作方法有序衔接、有机融合，形成"实践论"，提升公司内在全专业实力，汇聚市场全要素力量，形成适应电力市场建设需要的协同高效的工作机制。

"七策支撑"管理体系

强化实施路径对发展目标的支撑保障作用，以"抓统领、抓路径、抓作风、抓队伍、抓标准、抓管控、抓协同"为工作着力点，把握开局点、破题点，抓工作理念统一协同，抓工作体系健全完善，实现"六位一体""六环聚力""七策支撑"的统一协调和互联互通，为建设最好的省级电力交易中心提供坚强的支撑保障体系。

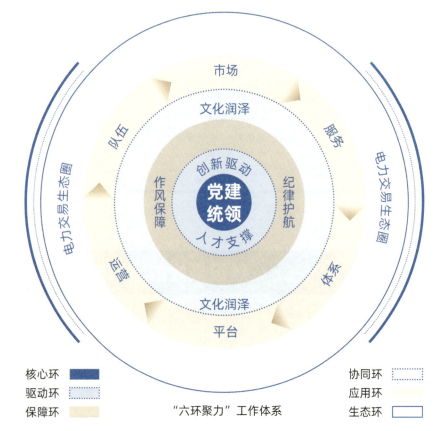

"六位一体"工作方法

"六环聚力"工作体系

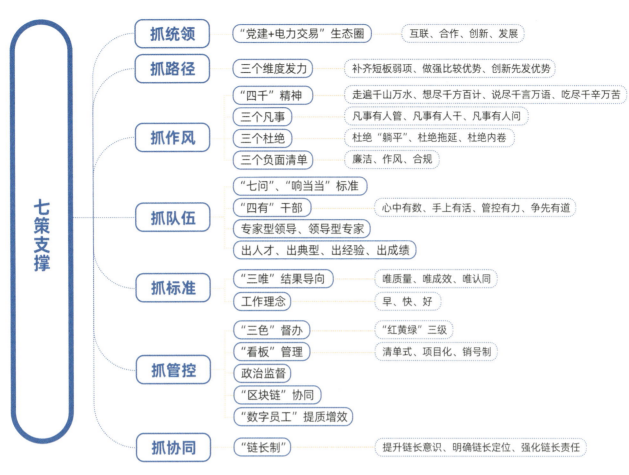

"七策支撑"管理体系

打造电力交易新高地

02

履责动力

旗帜领航，坚持全面加强党的领导

"坚决维护党中央权威和集中统一领导，把党的领导落实到党和国家事业各领域各方面各环节，使党始终成为风雨来袭时全体人民最可靠的主心骨，确保我国社会主义现代化建设正确方向，确保拥有团结奋斗的强大政治凝聚力、发展自信心，集聚起万众一心、共克时艰的磅礴力量。"

——习近平在中国共产党第二十次全国代表大会上的报告

突出"一条主线"

学习宣传贯彻党的二十大精神

将学习宣传贯彻党的二十大精神作为首要政治任务，全面贯彻习近平新时代中国特色社会主义思想，深入推进"旗帜领航"党建工程，锚定"六好四高"目标，坚持"六位一体"工作方法，以高质量党建引领保障公司高质量发展，笃行不怠建设"最好的省级电力交易中心"。

以党的二十大报告和党章等重要文件为重点，制定学习宣贯工作方案，分阶段明确学习任务，通过集体观看会议实况、党委理论中心组学习、党委会"第一议题"、党支部"三会一课"、知识竞赛、微党课设计等，开展多形式、分层次、全覆盖的学习宣贯，兴起大学习、大宣讲、大落实热潮。

深学细悟精讲笃行

召开"学习宣传贯彻党的二十大精神工作部署会"，将实现"六好四高"摆进建设新型能源体系的大局中，把党的二十大精神转化为指导实践、推动工作的强大动力。

筑牢"两个阵地"

深化党建赋能引领高质量发展

山东电力交易中心积极构建党建引领、统筹推进各项工作的运行机制，以"六环聚力"推动思政工作入心见效，筑牢干事创业阵地；以"党建+电力交易"亮旗赋能工程画好同心圆，筑牢市场发展阵地，切实把党建优势转化为企业发展优势、竞争优势。

干事创业阵地
文化润泽，品牌选育树

实施品牌"选、育、树"三步走，推动"一支部一品牌"，打造"一主多辅"品牌矩阵，形成公司品牌为引领、专业品牌为支撑的大品牌工作格局。

"三润"文化体系

思想"润心"　　　　　　实践"润行"　　　　　　愿景"润梦"

"一主多辅"品牌矩阵

公司品牌

四进走访调研 送服务　　　　　党建+电力交易 生态圈　　　　　"交易保供" 共产党员突击队

专业品牌

| "群雁"特色党建 | 菁雁振翅 | "三润"文化体系 | 价值党建 | 牵引型党建 | 看板式管理 | 品牌选育树 | 监督的再监督 | "清风廉易"廉洁文化 | "三多四不"工作法 | "明白纸"创新举措 | "物流式"业务办理体验 | "绿动齐鲁"创新实践 | 电力保供十六字方针 | 后夜购电 | 1+Z保电工作体系 | 精准保供 | "三位一体"源头合规 | 数据库操作票制度 | "数字助手"辅助运营分析 | 履约保函制度 | 风控体系 |

市场发展阵地
亮旗赋能，"党建+"工程

坚持抓党建从业务出发、抓业务从党建入手，推进实施"党建+"亮旗赋能专项工程，以"党建+"思维破解难题，用"党建+"工具提高实效。

01 "党建+作风、质量、落实"工程

02 "创新发展+党建"亮旗赋能工程

03 "党建+电力交易生态圈"工程

04 "最好的市场+党建"亮旗赋能工程

05 "最好的服务+党建"亮旗赋能工程

06 "最好的交易+党建"亮旗赋能工程

07 "最好的平台+党建"亮旗赋能工程

08 "最好的运营+党建"亮旗赋能工程

09 "最好的队伍+党建"亮旗赋能工程

抓好"三支队伍"

持续夯实党建工作基层基础

山东电力交易中心创新打造"群雁"特色党建，锤炼"支部书记、党建专责、青年人才"三支过硬队伍，充分发挥党组织战斗堡垒作用和党员先锋模范作用，做实做细政治监督，一体推进"三不腐"，打造"清风廉易"廉洁文化品牌，营造风清气正的政治生态。

头雁引领
领导层亲自抓、带着干

强化"头雁"力量： 领导班子率先垂范，带头攻坚克难，既要会当"指挥员"，更要当好"战斗员"。

菁雁振翅
青年层成梯队、活力足

筑牢"群雁"堡垒： 发挥公司人员力量精干、管理层级扁平的组织优势，中层人员当好公司发展战略的高效执行者和公司治理的基层管理者。

雁阵齐飞
执行层抓协同、促创新

激活"雁阵"活力： 充分尊重基层首创精神，关心关爱基层员工，汇聚群力群智，做强执行力量。

压实责任	立体监督	拒腐防变
• 制定落实"两个责任"工作任务清单，明确6个方面39项重点任务。 • 党委会研究党风廉政建设工作4次，中心组学习廉政内容11篇次。	• 构建"五责联动"监督体系。 • 聚焦重点领域，开展监督8次，发现并整改问题11项。 • 开展自查自纠，督促整改风险隐患17项。 • 编制54项负面行为清单，廉政约谈15人次。	• 落实党风廉政建设责任制，严守政治纪律。 • 严格遵守中央八项规定精神，坚持用制度管人管事，按照"三重一大"程序决策议事。

成立至今

未发生违规违纪现象

扛牢责任，全力保供彰显责任担当

"加强重点领域安全能力建设，确保粮食、能源资源、重要产业链供应链安全。"
——习近平在中国共产党第二十次全国代表大会上的报告

面对电力供需紧张及一次能源价格高企等形势，山东电力交易中心坚持"保供无小事、事事连政治"，充分发挥中长期交易"压舱石"作用，持续推动"外电入鲁"战略落地落实，为稳定山东省电力供应、保障经济社会发展和社会稳定提供了坚强支撑。

闻令而动

顶梁柱
顶得住
交易担当

- 2022年参与省间中长期交易101批次，完成省间交易电量1315亿千瓦时，同比增长10.7%，完成年度计划。

- "1+N"保供经验受到山东省委省政府肯定并通报推广。

交易保供十六字工作方针

双赢绑定
盯盘操作
高频交易
度电必争

1项总体保供工作方案

《山东电力交易中心有限公司电力保供工作方案》

"1+N"
电力交易保供
工作机制

N项动态专项保供工作方案

《重大活动专项交易保供方案》
《迎峰度夏专项交易保供方案》
《迎峰度冬专项交易保供方案》
......

1个

集体获评山东省

工人先锋号

544亿千瓦时

2016 年

增长 **141.73%**

省间受电交易电量

1315亿千瓦时

2022 年

政企联动 协同会商

高质量落实省委省政府关于保供电有关部署，建立并固化多层级联动机制，定期会商省间购电事项，形成政府主管部门、电网公司、电力交易中心等多单位、多专业参与、信息共享的协同工作机制，提高保供工作效率。

加强沟通 动态施策

成立保供工作组，制定"1+N"交易保供方案，确保各项措施到岗、到人。

加强与北京电力交易中心和送端省份汇报沟通，通过中长期交易落实国家优先计划和政府间送受电协议。

度电必争 增购外电

2022年山东电网迈入用电负荷"亿千瓦"时代，8月5日创下1.08亿千瓦历史最高纪录，高频次组织省间电力中长期交易和现货交易，提升外电入鲁水平，最大送入峰值达到2938万千瓦，占当时全网用电负荷的31%，创历史新高。

[案例] "度电必争" 保电入鲁

山东电力交易中心认真落实电力保供工作部署，一切工作以"保供应"为中心，成立"交易保供"共产党员突击队，制定不间断"盯盘交易"制度，建立"省间购电协商会议"机制，创新采取"谁给山东夏冬高峰电力，优先购买其春秋低谷电力"的"双赢绑定"交易策略，提升送端省份积极性，探索"低谷低价、平段平价、高峰高价"分时段交易，加强省外来电与省内衔接，实现送受两端互济双赢。

[案例] 疫情期间，我们不"打烊"

面对2022年的严峻复杂疫情形势，山东电力交易中心科学精准应对，第一时间集结专业人员封闭办公80余天，圆满完成2023年省间与省内年度中长期合同签约工作，组织90家售电公司与24209家零售用户完成2023年年度零售合同签约，紧急启动备用交易场所建设，做好极端情况应对准备，圆满完成了保安全生产、保市场运行、保交易组织的政治任务。

系统施策，助力新型能源体系建设

"深入推进能源革命，加强煤炭清洁高效利用，加大油气资源勘探开发和增储上产力度，加快规划建设新型能源体系，统筹水电开发和生态保护，积极安全有序发展核电，加强能源产供储销体系建设，确保能源安全。"

——习近平在中国共产党第二十次全国代表大会上的报告

践行新发展理念，创新建立有利于促进新能源消纳、多种能源协同发展的市场机制，服务"碳达峰、碳中和"目标，推动构建新型电力系统，助力新型能源体系建设。

- 合理确定省间交易分月电量和送电曲线，充分挖掘送端省份晚高峰送电潜力。
- 鼓励抽水蓄能、虚拟电厂、独立储能设施等参与市场，发挥灵活调节能力。

市场保障
助力资源优化配置

引导消费
倡导绿电
环境价值

促进消纳
服务清洁
能源消纳

- 充分考虑新能源绿色价值，创新市场品种，优先执行绿色电力，倡导全社会形成消纳绿色电力的良好风尚。
- 通过可再生能源配额制、绿电交易、绿证等政策机制，在上游保障发电主体收益、引导投资、在下游引导用户改变用电行为，体现绿电环境价值。
- 开展市场调研，充分利用微信平台、交易平台等载体，多渠道普及绿电绿证政策。

- 编制《山东省绿色电力交易工作方案》，完善绿电绿证交易机制，扩大绿电绿证交易规模。
- 开展虚拟电厂运营实战演练，成功组织96家公交场站和780台充电桩参与削峰响应。
- 落实省外可再生能源电量190亿千瓦时，助力山东省完成可再生能源消纳责任权重指标。

[案例] **引导绿色消费**

在交易平台和微信公众号发布《绿色电力证书交易流程》电力交易微课堂视频，向市场主体普及绿证交易政策与操作流程，引导全社会绿色消费意识。

扫一扫
了解绿色电力
证书交易流程

核发范围
风电、光伏

2022 年

8 座
独立储能电站参与山东电力
现货市场交易

独立储能设施参与山东电力
现货交易电量超

2 亿千瓦时

293 亿千瓦时

增长
298.63%

1168 亿千瓦时

2016 年　　可再生能源消纳量　　2022 年

47 亿千瓦时

190 亿千瓦时

2016 年　省间可再生能源交易电量　2022 年

246 亿千瓦时

978 亿千瓦时

2016 年　省内可再生能源交易电量　2022 年

积极发挥交易平台作用，逐步建立健全电力市场交易机制，通过价格信号引导各类资源参与电网调节，促进新能源消纳、减少碳排放，助力"双碳"目标实现。

守正创新，打造省级市场"山东样板"

"深入推进改革创新，坚定不移扩大开放，着力破解深层次体制机制障碍，不断彰显中国特色社会主义制度优势，不断增强社会主义现代化建设的动力和活力，把我国制度优势更好转化为国家治理效能。"
"构建全国统一大市场，深化要素市场化改革，建设高标准市场体系。"
——习近平在中国共产党第二十次全国代表大会上的报告

充分考虑我国能源安全战略以及发展不平衡不充分等国情实际，遵循"三个服务""四个统筹""五个思维"，推进电力市场向深向实发展，以电力市场建设积极服务构建新发展格局。

服务 能源战略
电力市场建设
市场主体

统筹 市场与保供
中长期与现货
省间和省内
新能源与常规能源

三个
服务

四个
统筹

五个思维

系统思维

以系统视角，做好"四个统筹"，落实顶层设计，分步推进市场建设。

市场思维

通过市场机制，优化资源配置，引导用户参与系统调节，唤醒沉睡资源，提升系统效率。

创新思维

统筹考虑电力市场建设的基础和边界条件，创新开展市场整体设计和建设。

数字化思维

加强数字化手段对电力市场建设的支撑，依托数据技术、平台技术、互联网技术，提升交易工作效率，更好满足市场运营需要。

合规思维

牢固树立合规意识，认真梳理工作中存在的合规盲点和风险点，确保"规在事前、事在规中"。

2022 年

获得发明专利

1 项

发表 SCI 论文

1 篇

管理创新成果 **3** 项　　科技类成果 **6** 项

"十二个率先领先"走在前列

首创

中长期连续撮合交易
"每日开市"

"市场开放日" 活动

独立储能自调度参与
现货交易

容量补偿机制

应用统一交易
结算科目

出具电网企业代购
电现货交易结算单

率先

网购式零售市场
零售套餐6573款

零售市场电子签章
"安心签"

电力现货市场连续
结算试运行

"e-交易"
推广试点

首批

400统一交易服
务热线工单流转

新一代交易平台
高质量通过验收

"多层次统一电力市场的基础理论、关键技术及系统研发"荣获中国能源研究会能源创新

一等奖

"现货模式下的山东电力零售市场运营管理体系建设实践"荣获山东省管理创新成果

一等奖

- 组织开展10项年度政研课题。
- 牵头承担北京电力交易中心市场建设与创新重点任务2项。
- 策划"登高筑峰"行动，储备50项创新类奖励争创项目，申报各大类奖项14项。

研究创新性成果

推动数字化建设

- 推进结算系统升级改造，开发部署"一键式"现货日清算功能，实现每日百万级数据量高频计算无缝衔接，现货市场日清算业务平均耗时缩短40%。
- 全面推进"运营监控及智能分析应用"项目开发，提升市场运营信息获取便捷度。
- "可视化"动态监控评价122项市场关键信息，实现对外信息披露内容"应披尽披按时披"，提升信息披露工作质效。

案例　搭建跨省区"慧交易"大数据辅助决策支持系统

山东电力交易中心以全网拓扑结构分析、最优资源配置理论、通道输送能力、市场化交易价格为边界，对电力气象数据（风力、光照、水文）、电网运行方式、负荷预测等数据进行分析，自主创新研发，搭建跨省区"慧交易"大数据辅助决策支持系统，为交易组织提供决策依据。

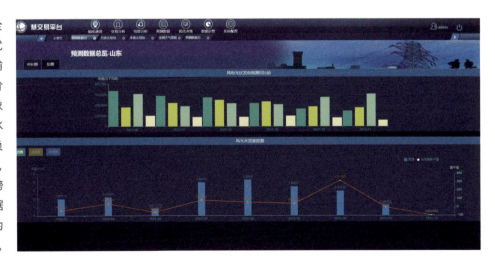

03

履责行动

加强交易机构
合规内控管理

立足电力工业客观情况，循序渐进、分步实施，尊重规律、科学监管，加快推进电力交易机构独立规范运行。

——国家发展改革委、国家能源局《关于推进电力交易机构独立规范运行的实施意见》

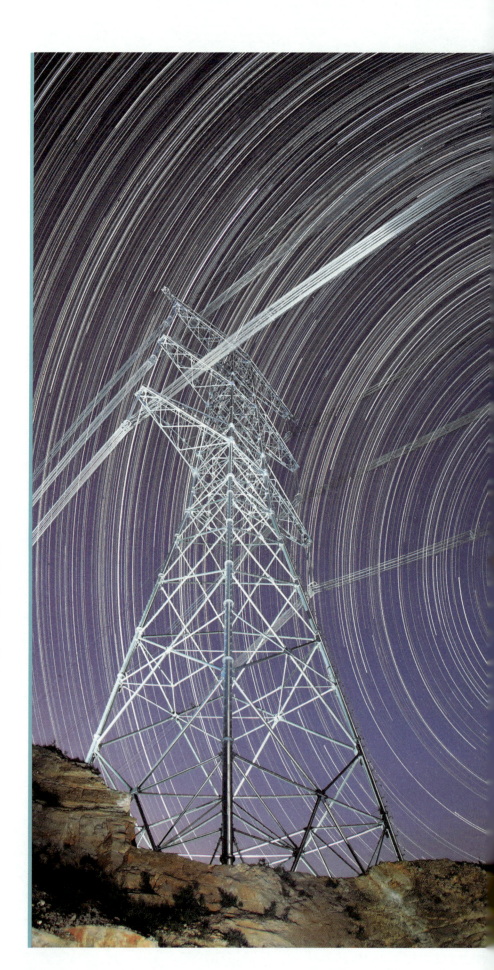

规范机构运作

深入贯彻习近平总书记"两个一以贯之"重要指示精神，落实国企改革三年行动部署要求，推动"三会一层"履职尽责，更好地服务全国统一电力市场建设布局，促进公司高质量发展。

制定各类规章制度 42 项

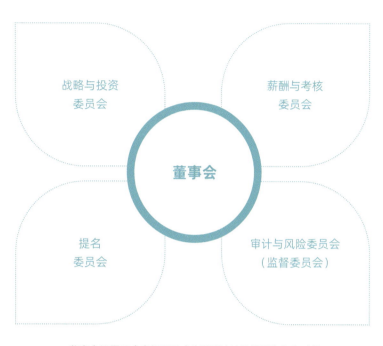

董事会设置四个专门委员会为董事会决策提供咨询和建议

2022 年

召开股东会

2 次，审议听取议题 **4** 项

召开董事会

4 次，审议听取议题 **14** 项

召开党委会

21 次，审议听取议题 **91** 项

召开总经理办公会

4 次，审议听取议题 **33** 项

山东电力交易中心有限公司第一届董事会第七次会议

坚持"合规立身"

从政策、管理、监管三个维度着手，创新构建"3+1"（事前、事中、事后＋复盘总结）合规管理体系，压紧压实合规管理"三道防线"责任，营造健康稳定的交易秩序。

2022 年

专项内外部审计

"零问题"

组织开展合规审查
相关会议

20 余次

核验售电公司
准入条件

92 家

会同外聘律师团队出具
专项法律意见书

3 份

合规管理体系建设　　　　　　　　　　　　　　　　　　　规章制度制（修）订

开展"合规管理强化年"专项行动

合规文化培育　　　　　　　　　　　　　　　　　　　　电力交易合规专项自查

做好源头合规管控

 政策维度 ▶ 积极配合、参与有关政策规则制定，充分履行交易中心应有职责，确保不越位、不失位、可执行、做到位。

🌐 **管理维度** ▶ 紧密结合电力市场建设政策规则，滚动更新完善各类规章制度，涵盖公司运营各方面。

🔍 **监管维度** ▶ 与政府主管部门建立定期沟通工作机制，及时汇报沟通市场建设运营中的问题，严格做到无政策、无依据、无授权不可为。

电力交易合规风险"三道防线"

第一道防线

业务合规审查

明确公司业务部门负责本专业涉及电力交易业务的合规管理与合规性审查。

第二道防线

合规专项监管

成立技术合规部，设置合规管理专业岗位，配置专业人员，牵头开展合规管理工作。

第三道防线

纪检审计监督

发挥纪检、审计等专业的监督职能，对合规工作开展情况进行再监督。

完善内控体系

建立健全内控体系，强化内控体系执行，提高重大风险防控能力，保障山东电力市场平稳运行。

成立全面风险管理委员会

↓

建立常态化全面风险管理委员会议事机制

↓

编制《2022年规章制度制（修）订工作计划》

↓

编制《山东电力交易中心有限公司全面风险管理与内部控制工作手册》

2022 年

制（修）订规章制度

32项

内控要求融入业务流程

51项

《山东电力交易中心有限公司全面风险管理与内部控制工作手册》

推进电力市场
向深向实发展

坚持清洁、高效、安全、可持续发展，全面实施国家能源战略，加快构建有效竞争的市场结构和市场体系。

——中共中央、国务院《关于进一步深化电力体制改革的若干意见》

持续完善市场规则架构

立足山东经济社会和电力工业发展实际，积极向监管机构和政府主管部门提出规则修订建议，配合做好电力市场各项规则起草和滚动修订工作。

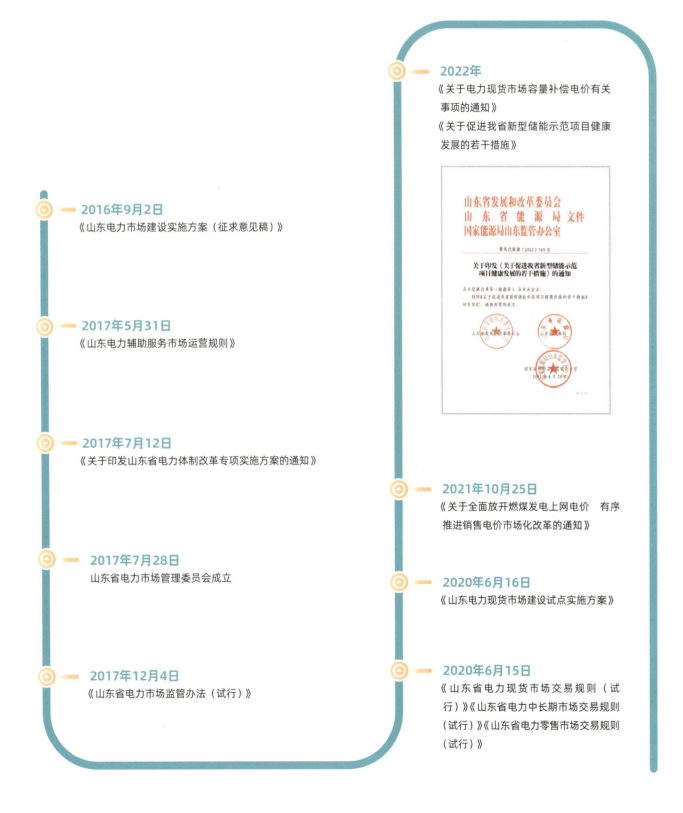

2022年

《关于电力现货市场容量补偿电价有关事项的通知》

《关于促进我省新型储能示范项目健康发展的若干措施》

2016年9月2日

《山东电力市场建设实施方案（征求意见稿）》

2017年5月31日

《山东电力辅助服务市场运营规则》

2017年7月12日

《关于印发山东省电力体制改革专项实施方案的通知》

2021年10月25日

《关于全面放开燃煤发电上网电价　有序推进销售电价市场化改革的通知》

2017年7月28日

山东省电力市场管理委员会成立

2020年6月16日

《山东电力现货市场建设试点实施方案》

2017年12月4日

《山东省电力市场监管办法（试行）》

2020年6月15日

《山东省电力现货市场交易规则（试行）》《山东省电力中长期市场交易规则（试行）》《山东省电力零售市场交易规则（试行）》

山东省电力市场管理委员会组建于 2017 年 7 月，主要职责是充分发挥沟通协调作用，保障市场各方的诉求和意愿能够充分表达和体现，维护市场的公平公正公开，保障市场主体的合法利益。

电网企业代表　　　　　　　　　　第三方代表

发电企业代表　　　　　　　　　电力交易机构代表

售电企业代表　　　　　电力用户代表

成立至今			2022 年		
共召开全体大会	审议通过交易规则及重大事项			共召开全体大会	审议通过议题
9 次	**12** 项			**2** 次	**3** 项

山东省电力市场管理委员会全体大会

山东电力交易中心遵循"边运行、边完善、边提高"原则，积极创新，先行先试，持续完善市场架构，率先实现"中长期＋现货＋零售＋辅助服务"四类市场协同有序运行。

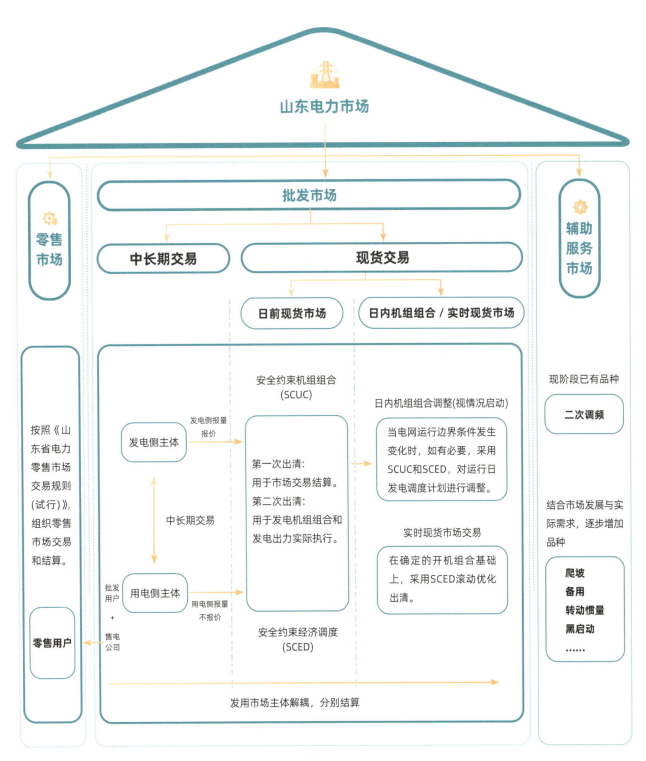

山东电力市场架构

山东电力现货市场容量补偿

1.0版

2020年5月首次启用现货市场容量补偿机制，按照山东省容量补偿基准价 0.0991 元/千瓦时从用户侧收取，根据可用容量按月分配至所有市场发电机组。2021年12月现货市场连续结算试运行启动后，容量补偿机制持续执行。

首创

山东电力现货市场容量补偿

2.0版

2023年1月开始，基于峰荷责任法设置容量补偿分时峰谷系数及执行时段，深谷系数、谷系数、峰系数、尖峰系数分别为0.1、0.3、1.7、2.0，峰谷价差最高可达0.1883元/千瓦时，推动建立更加符合市场供需关系的分时电价政策。

迭代升级

履责
动力

履责
行动

案例 机制创新完善零售市场建设

山东电力交易中心在国内率先建设运营现货模式下的电商化零售市场，实现零售交易的数字化转型。

设计与现货市场衔接的15个子类零售套餐品种，有效传导现货市场价格信号。

上线智能化用户管理、套餐对比筛选、价格预警、套餐价格估算等11类辅助决策工具，提高用户与平台的互动性。

率先应用"安心签"电子签章技术，为市场主体提供金融级的安全防护机制。

在全部零售分时套餐中试行基于峰荷责任法的分时约束机制，优化负荷曲线，促进系统供需平衡。

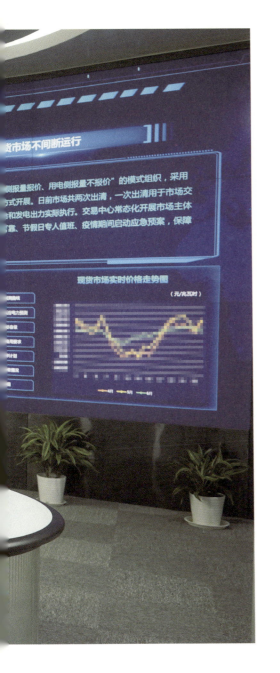

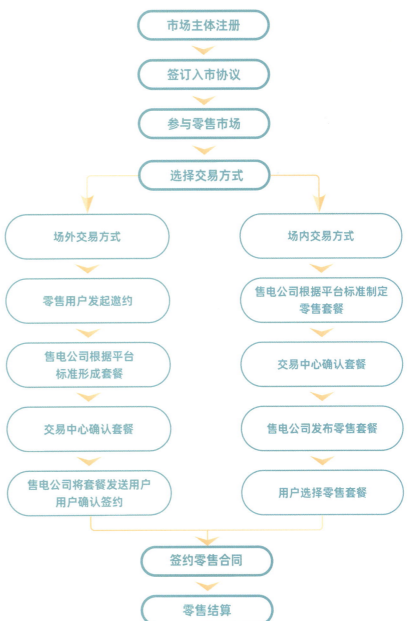

创新建设"五型市场"

统筹把握市场建设与电力保供、电网安全、能源转型、公司发展之间的关系，坚持"政府牵头"，做好顶层设计，共同建设安全型、绿色型、科技型、法治型、民生型的"五型市场"，提供省级市场建设的"山东方案"。

- 做好省间中长期交易足量签约，落实优先发电计划，争取省间资源共济，增强电力保供能力。
- 利用新技术，保障平台稳定，为交易组织、市场连续运行提供支撑。

- 建立完善绿电交易机制，统筹绿电市场与电能量市场的关系。
- 理顺绿证发证流程，探索开展绿证交易，开发绿色电力套餐。

- 落实"企业感受第一评价、群众满意第一标准"要求，优化提升全渠道服务模式，为市场主体参与市场提供便捷服务。
- 利用套餐对标、用户画像等技术工具，帮助企业优选套餐方案，降低企业用电成本，全力提升服务质效。

- 运用大数据、区块链技术开展分析研究，自主创新，形成多场景实用化数据服务产品。
- 承担"e-交易"零售生态试点，建设"指尖上"的零售市场。

- 发挥法治引领、规范、保障作用，在政府指导、规则约束下开展市场运营。
- 做好内部风险与合规管控，建章立制，做到业务流程全覆盖、工作岗位全覆盖。

案例 "数字助手"实现一键式清算

山东电力交易中心积极应对现货市场海量数据、高频计算的结算工作形势，以"数据+交易"为载体推动数字化转型，率先研发"数字助手"开展辅助运营分析，实现一键式清算自动化功能。"数字助手"结算功能采用"源数据自动抽取校验+全科目计算流程固化"技术思路，每日定时完成基础数据抽取、数据校验、电量清分计算、多维度报表生成等30项结算子任务"一键部署"，大大减少了人工重复性操作，实现每日百万量级数据高频计算无缝衔接，全省765家发、售、用电市场主体单次日清算耗时由30分钟缩短至18分钟，结算效率提升67%。

下一步，将逐步实现"一键多日清算"及"月清月结"的自动化功能。

任务流程

"一键式"日清算流程配置图

 案例 创新开展信息披露在线监控

山东电力交易中心创新构建信息披露责任主体评价体系，实现122项周期披露信息状态的在线监控。年内累计监控信息24539条，发布预警164次，显著强化信息披露主体责任意识，实现9大类别、174项对外信息"应披、尽披、按时披"，披露及时性与完整性均达到100%。年内累计披露信息25782条，单条信息最大浏览量超过4000次，有效保障市场主体知情权。同步优化交易中心信息披露大屏功能，实现"注册—交易—结算"全业务动态监控及历史回溯，全方位展示山东电力市场运营状态，营造公开透明的市场环境。

信息披露责任主体评价监控总览界面

持之以恒
优化电力交易服务

坚持市场化改革方向，适应电力工业发展客观要求，以构建统一开放、竞争有序的电力市场体系为目标，组建相对独立的电力交易机构，搭建公开透明、功能完善的电力交易平台，依法依规提供规范、可靠、高效、优质的电力交易服务。

——国家发展改革委、国家能源局《关于电力交易机构组建和规范运行的实施意见》

建设应用新一代电力交易平台

山东电力交易中心承担新一代电力交易平台建设试点任务。2021 年 6 月，首批实现新平台单轨制运行，全面支撑市场注册、中长期交易、信息披露等各项业务在线开展，同步开展差异化功能开发部署，满足广大市场主体电力交易业务应用需求。

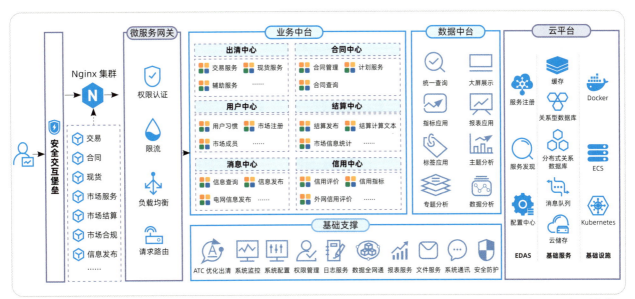

新一代电力交易平台系统拓扑图

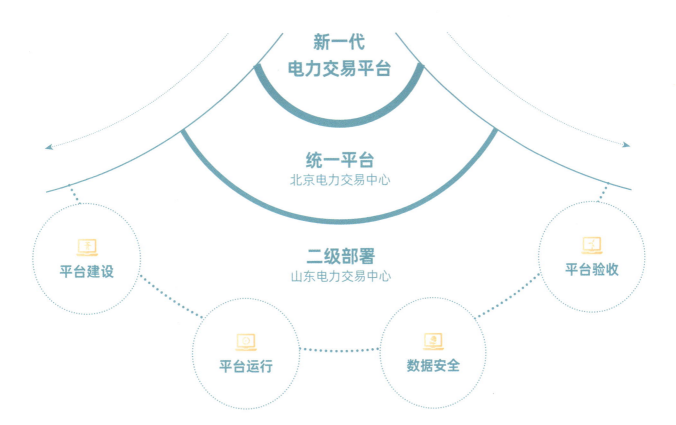

求实求效
抓平台建设

编制《新平台能力提升方案》，加大平台建设资金投入，统筹开展差异化功能开发，配套建成上线数字化项目10项，完成差异化功能开发400余项，实现平台统推版本与山东差异化功能的有效衔接。

双向发力
保平台运行

软实力

- 严格执行专班周例会制度，累计召开平台运行专班例会57次，定期总结平台运行问题及处置经验，不断完善问题及风险处置机制。
- 编制《平台运维保障方案》，在节假日及关键业务开展期间，实行24小时值班。

硬实力

- 配足配强硬件设备，增配59台服务器、860个节点，提升内外网交互能力。
- 首批引入I6000监控系统对平台全链路进行实时动态监控，做到"工作不停，监控不断"，及时应对和有效处置风险问题30余项。
- 常态化开展压力测试，保持各业务场景用户并发数1000以上时响应时间为3秒以内，提升平台性能和用户体验。

采用阿里云监控组件
引入I6000监控机制

平台全链路
实时动态监控

"工作不停，监控不断"
保障平台连续安全稳定运行

编制《平台数据安全保障能力提升方案》，全面加强数据安全管理。

制定《交易平台数据安全管理办法》等三项制度，建立并规范平台建设及数据防护管理流程。

优化机制
保数据安全

组织全员签订《数据安全保密承诺书》，深化"大云物移智链"等技术应用，通过数据脱敏、加密、传输等安全防护措施，充分保障数据安全。

以发现问题、解决问题为目的，组织模拟验收10余次，召开20余次验收推进会，逐项开展功能优化，全面提升新平台实用化水平。

协助北京电力交易中心召开新平台实用化验收标准研讨会，完善验收标准。

高标站位
配合实用化验收

案例　"六维防护网"保障交易平台安全

为筑牢交易平台网络安全防线，山东电力交易中心构建"六维防护网"，为交易平台加装"金钟罩"，成功应对各级网络安全演习考验，截至2022年12月31日，新一代电力交易平台自上线以来连续安全稳定运行570天。

动态跟踪、彻底整改脆弱性问题，不定期开展弱口令检查和漏洞扫描，及时进行安全加固。

完善协调处置工作机制，常态化开展交易平台全链路实时动态监控，及时发现并拦截攻击威胁。

加强市场主体访问行为监管，做好"钓鱼"邮件辨识分析，采用封禁IP方式防止频繁登录和频繁爬取数据行为对平台运行造成影响。

定期复盘总结，共组织开展2次技术培训、3次集中研讨，编发预警通知1项、工作提升方案1项、相关管理制度1项。

严格监测保密信息，封禁运维终端电脑空闲端口，运用数字水印、数据脱敏等技术，提高对各类信息失泄密事件的发现、处置、溯源能力。

提升应急响应速度，定期开展应急演练，强化交易平台自动感知能力、分析能力和处置能力。

当好"链长"打造电力交易生态圈

发挥交易中心"链长"职能，面向发、售、用各方市场主体建立电力交易生态圈，通过结对共建、走访交流、课题共研、管理互促，培育市场共同体理念，凝聚电力市场发展合力。

 培育市场共同体理念

- 加强结对共建，联合政府主管部门在威海、枣庄、临沂等多地举办电力市场专题培训，累计培训6500余家市场主体，在全省1000余家供电营业厅摆放电力市场交易明白纸、零售市场签约指南等宣传材料，提升用户市场意识。
- 常态开展调研走访服务，走访股东单位、市场管理委员会成员单位和各类重点市场主体。

 提升电力市场服务水平

- 2022年4月1日正式运行400电力交易服务热线，建立工单答复闭环管控机制，制定《山东电力交易中心全渠道服务业务受理规范》《2022年市场主体服务满意度提升专项行动方案》。
- 开展"走出门办培训，到一线送服务"线下培训和电力交易线上讲堂。
- 丰富完善微信公众号功能，开通e问e答、微信小程序等互动渠道。

 构建电力市场公共话语权体系

- 汇集市场主体、科研院校多领域专家，建立电力市场专家发言人队伍，共同营造电力市场发展与建设良好舆论氛围。

2022 年

共走访发售用市场主体
7 次
落实意见建议
29 条

统一电力交易服务热线
首批上线单位
4001895598

接收答复 400 热线工单
1075 个
累计完善知识库
1034 条

山东电力交易平台电力
用户注册、变更及注销
操作手册

山东电力交易平台入市
协议签章操作手册

山东电力交易平台零售
系统操作手册

了解电力市场交易，来看"三册一纸一指引"

电力用户参与2023年市场交易明白纸

电力零售市场交易用户操作指引

威海市电力市场化交易政策专题培训会

赴华能山东发电有限公司走访调研

2021 年度
"市场服务满意度第三方评价"
北京电力交易中心运营区域排名第一

2018 年，市场化交易电量
1316 亿千瓦时

2016 年，市场化交易电量
632 亿千瓦时

2017 年，市场化交易电量
956 亿千瓦时

2019年

2018年

2019 年，市场化交易电量
1715 亿千瓦时

2016年

2017年

多一问
找准用户需求

热心服务
不掉线

多一步
消除服务盲区

跟踪服务
不断档

**"三多四不"
服务理念**

用心服务
不敷衍

多一度
提升服务温度

全时服务
不下线

服务意识
服务机制
服务内容
服务手段

注册更省力
交易更省心
结算更省时
协同增效率
服务增品质
品牌增价值

坚持
"四个方面"

致力
"三省三增"

市场服务

实现"三零目标"

服务方式零距离   服务质量零差错   服务评价零投诉

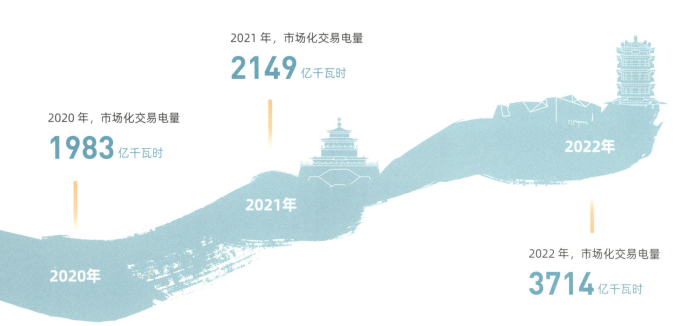

2021年，市场化交易电量
2149 亿千瓦时

2020年，市场化交易电量
1983 亿千瓦时

2022年

2021年

2020年

2022年，市场化交易电量
3714 亿千瓦时

案例 让市场主体体验"看得见、摸得到"的电力市场

山东电力交易中心坚持"以人民为中心"，秉承"三多四不"服务理念，首创"市场开放日"活动，让市场主体走进交易中心，零距离感受电力交易全过程，与市场主体零距离接触，营造良好互动的市场生态，形成统一共识、凝聚合力，共同建设安全型、绿色型、科技型、法治型、民生型的"五型"市场，市场服务水平持续提升。

"非常荣幸受邀参加由山东电力交易中心主办的'市场开放日'活动，有机会能和各管理部门、各市场主体代表面对面地学习和交流，见证了山东电力交易中心在电力市场建设与运营、市场主体服务方面作出的卓越贡献，也更加坚定了自己紧跟国家电力体制改革步伐，承担好售电公司社会责任，服务好电力市场主体的信心和决心。为山东电力市场点赞、为山东电力交易中心点赞。"

——江苏景融售电有限公司

同心同力
共建共享美好家园

进一步激发全社会绿色电力消费潜力。落实新增可再生能源和原料用能不纳入能源消费总量控制要求，统筹推动绿色电力交易、绿证交易。引导用户签订绿色电力交易合同，并在中长期交易合同中单列。

——国家发展改革委等部门《关于印发〈促进绿色消费实施方案〉的通知》

推进绿电绿证交易

积极搭建绿电友好型市场服务体系，扩大绿电交易规模，实现绿电交易从需求申报、交易达成、合同签订、履约执行、计量结算到消费认证全流程贯通，助力构建清洁低碳、安全高效的现代能源体系。

- 搭建"绿电交易直通车"，简化绿电交易市场主体注册手续，完善绿电交易的组织、交易等关键业务环节，2022年累计达成省内绿电交易电量9.4亿千瓦时。
- 研发线上绿电交易专栏，提供便捷交易通道，为市场主体提供在线浏览购售需求、业务洽谈、交易意向提报等平台功能。

优化绿电
交易服务

健全绿电
交易市场

服务企业
绿证交易

"绿动齐鲁"
专项行动

- 争取绿电交易政策支持，确保绿电交易品种优先组织、优先执行、优先结算。
- 探索建立绿电交易市场与中长期市场、现货市场衔接机制，实现现货模式与非现货模式绿电交易无缝切换、中长期市场及现货市场良好衔接。

- 服务中国华能、中国华电、中国大唐、国家能源集团、国家电投5家中央能源企业山东公司，通过电力交易平台成功购买无补贴绿证8732张，率先实现其本部大楼全年绿色办公。

扫一扫
进入电力交易
平台

2022 年

累计组织绿电交易
14 批次

达成省内绿电交易电量
9.4 亿千瓦时

组织购买无补贴绿证
8732 张

案例 了解绿色电力交易及绿证

绿色电力交易是以风电、光伏等绿色电力产品为标的物，在电力中长期市场机制框架内设立的交易品种，能够全面反映绿色电力的电能价值和环境价值，并提供相应的绿色电力消费认证。

绿色电力交易采用"证电合一"方式，绿证是国家对发电企业每兆瓦时非水可再生能源上网电量颁发的具有唯一代码标识的电子凭证（1张绿证对应1000千瓦时绿电），是绿色环境权益的唯一凭证，由国家可再生能源信息管理中心统一数据管理。

绿色电力交易能够更好地满足企业消费绿色电力的诉求，帮助企业减少碳足迹，树立绿色企业形象，提升绿电消纳水平，推动"双碳"目标实现。

绿电交易流程　　　　　绿色电力消费凭证　　　　　绿色电力证书

携手员工共同成长

依法保障员工权益，关心关爱员工生活，给员工提供完善的成长规划和充分的发展空间，持续提升员工的获得感、幸福感、安全感和内生动力，不断增强企业凝聚力。

员工总数 24 人

- ■ 博士研究生 1 人
- ■ 硕士研究生 11 人
- ■ 大学本科 12 人

学历情况：50%　4.17%　45.83%

- ■ 高级职称及以上 18 人
- ■ 中级职称 2 人
- ■ 初级职称及以下 4 人

职称情况：8.33%　16.67%　75%

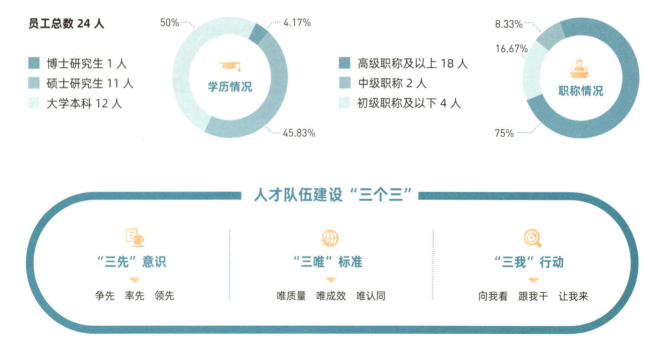

人才队伍建设"三个三"

"三先"意识　　　　"三唯"标准　　　　"三我"行动

争先　率先　领先　　唯质量　唯成效　唯认同　　向我看　跟我干　让我来

- 坚持职业性别平等。
- 保障员工职业健康安全，社会保险覆盖率 100%。
- 工会组织"三必贺、三必访"。
- 职工参与企业管理"金点子"征集评选。

- 开展"菁雁振翅"专项行动，建立"双师带徒"机制，加大对青年员工"资源、机会"的倾斜力度，帮助青年员工快速成长。
- 实施人才托举工程，压实"传"的责任、拓展"帮"的内容、创新"带"的机制，促进人才梯队建设。
- 深入实施人才强企行动，建设"联合人才培养基地"，成立国内领先的电力交易专家工作室，培养交易专业带头人。

- 立足"响当当"干部标准，深化"路、法、行、效"全链条机制，用好行政职务、职员职级、人才专家"三通道"成长模式，抓好"支部书记、专责队伍、青年人才"三支队伍，打造交易铁军。

"菁雁振翅"专项行动

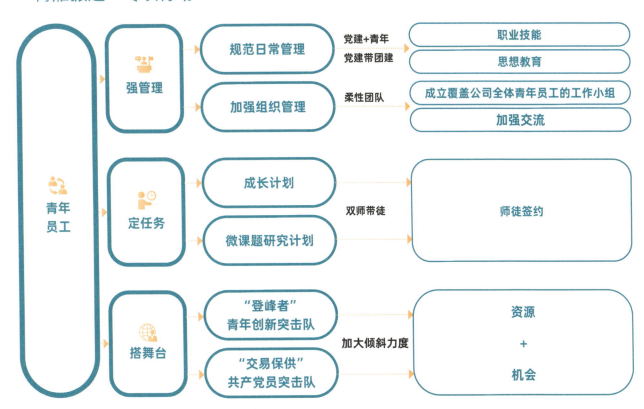

展望 2023

2023年，山东电力交易中心将锚定"六好四高"目标，聚焦"六位一体"工作方法，以"保供应、促转型、稳价格"为主线，打造"电力交易新高地"，向着"最好的省级电力交易中心"勇毅前行！

责任管理

实质性议题分析

结合利益相关方关切及公司运营对经济、社会、环境产生的影响，识别并确定实质性议题，并在报告中重点披露，满足利益相关方对报告内容披露的诉求。

步骤一　议题识别

通过社会责任标准解读、同行对标、利益相关方访谈调研等识别出企业内外重点关注议题，形成议题库。

步骤二　议题排序

通过开展调查问卷了解各个议题对于公司的重要性和对于利益相关方的重要性，得出议题重要性排序。

步骤三　议题审核

邀请外部社会责任专家、公司管理层对重要议题排序进行审阅，得出最终实质性议题。

步骤四　议题披露

在社会责任报告中重点披露实质性议题履责实践及绩效。

序号	具体议题
1	落实电力体制改革政策
2	山东省电力市场建设
3	市场主体注册及退出
4	设计交易品种
5	交易平台建设及运行管理
6	披露发布交易信息
7	组织省内交易
8	组织省间交易
9	市场交易风险防控
10	市场交易电量电费结算
11	提供优质市场服务
12	加强党的建设
13	反腐倡廉
14	科技创新
15	合规管理
16	电力资源优化配置
17	支持清洁能源发展
18	绿电交易
19	能源保供
20	员工发展
21	志愿服务

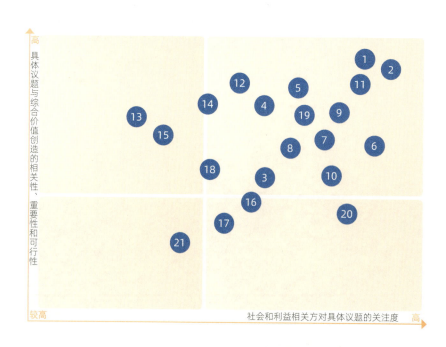

利益相关方沟通

公司注重利益相关方参与，充分考量利益相关方的期望与诉求，通过常态化的沟通与监督机制，回应利益相关方关切，以沟通赢信任、增共识、促合作，实现共赢发展。

利益相关方	期望与诉求	沟通方式
监管机构	合规运营 做好市场主体注册及退出 规范组织电力市场交易	定期汇报 专题会议 信息报送
各级政府	服务经济社会发展 促进电力行业发展 支持保供电	工作会议 信息报送 走访交流
上级公司	做好各项工作部署 山东电力市场平稳运行	定期汇报 专题会议 信息报送
电网企业	优质服务 提供电力交易平台 市场连续平稳运营 获得市场信息	专题会议 市场培训 信息披露 座谈会
发电企业	优质服务 提供电力交易平台 市场连续平稳运营 获得市场信息	专题会议 市场培训 信息披露 座谈会
售电公司	优质服务 提供电力交易平台 市场连续平稳运营 获得市场信息	专题会议 市场培训 信息披露 座谈会
电力用户	优质服务 交易产品 交易便捷可靠 获得市场信息	专题会议 市场培训 信息披露 座谈会
员工	权益保障 薪酬福利 职业发展 员工关爱	工会 思想动态分析 调查问卷 走访慰问
环境	促进清洁能源消纳 保护生态环境	可再生能源电力消纳 绿电绿证交易

报告说明

报告简介

《向好而行——山东电力交易中心有限公司社会责任报告（2016—2022）》是山东电力交易中心有限公司的首份社会责任报告。本着客观、规范、透明和全面的原则，详细披露山东电力交易中心有限公司自成立以来在经济、环境、社会等责任领域的实践和绩效。

编制依据

国际标准化组织《ISO 26000：社会责任指南（2010）》；
全球可持续发展标准委员会《GRI 可持续发展报告标准》（GRI Standards）；
GB/T 36001—2015《社会责任报告编写指南》；
国务院国资委《关于国有企业更好履行社会责任的指导意见》。

时间范围

本报告涵盖期间为 2016 年 4 月 22 日至 2022 年 12 月 31 日，部分内容适当延续至 2023 年。

发布周期

本报告为年度报告。

指代说明

为便于表述，山东电力交易中心有限公司在本报告中以"山东电力交易中心""公司"或"我们"表示。

内容选择

如无特别说明，报告书信息数据均源自公司正式文件、统计报告与财务报告。

报告获取方式

报告书以纸质版和电子版两种形式提供。您可登录山东电力交易中心网站 https://pmos.sd.sgcc.com.cn/ 浏览或下载电子版报告，如需索要纸质版报告，请致函山东电力交易中心有限公司。
地址：山东省济南市市中区经三路8号
电话：4001895598
邮箱：sdpx@sdpxc.com